Gérard De Nerval

Promenades et souvenirs

© 2023 Culturea Editions

Texte et illustration de couverture : © domaine public
Edition : Culturea (Hérault, 34)
Contact : infos@culturea.fr
Retrouvez notre catalogue sur http://culturea.fr
Imprimé en Allemagne par Books on Demand
Design typographique : Derek Murphy
Layout : Reedsy (https://reedsy.com/)

Dépôt légal : janvier 2023
Tous droits réservés pour tous pays

ISBN : 9791041919420

Table des matières

Préface

Paru dans l'Illustration, le 30 décembre 1854, puis le 6 janvier et le 3 février 1855, *Promenades et Souvenirs* constitue le dernier texte publié, au moins partiellement, du vivant de Gérard de Nerval.

Nerval met fin à ses jours, le 26 janvier 1855, à Paris, rue de la Vieille-Lanterne, non loin du Châtelet.

La rue de la Vieille Lanterne aujourd'hui n'existe plus.

Lieu du drame

Aquarelle de J. de Goncourt

Dernière lettre de Gérard de Nerval

[à Mme Alexandre Labrunie, tante de l'écrivain]

Ma bonne et chère tante, dis à ton fils qu'il ne sait pas que tu es la meilleure des mères et des tantes. Quand j'aurai triomphé de tout, tu auras ta place dans mon Olympe, comme j'ai ma place dans ta maison. Ne m'attends pas ce soir, car la nuit sera noire et blanche.

Gérard Labrunie

24 Janvier 1855

I. La butte Montmartre

Il est véritablement difficile de trouver à se loger dans Paris. – Je n'en ai jamais été si convaincu que depuis deux mois. Arrivé d'Allemagne, après un court séjour dans une villa de la banlieue, je me suis cherché un domicile plus assuré que les précédents, dont l'un se trouvait sur la place du Louvre et l'autre dans la rue du Mail. – Je ne remonte qu'à six années. – Évincé du premier avec vingt francs de dédommagement, que j'ai négligé, je ne sais pourquoi, d'aller toucher à la Ville, j'avais trouvé dans le second ce qu'on ne trouve plus guère au centre de Paris : une vue sur deux ou trois arbres occupant un certain espace, qui permet à la fois de respirer et de se délasser l'esprit en regardant autre chose qu'un échiquier de fenêtres noires, où de jolies figures n'apparaissent que par exception. – Je respecte la vie intime de mes voisins, et ne suis pas de ceux qui examinent avec des longues-vues le galbe d'une femme qui se couche, ou surprennent à l'œil nu les silhouettes particulières aux incidents et accidents de la vie conjugale. – J'aime mieux tel horizon « à souhait pour le plaisir des yeux », comme dirait Fénelon, où l'on peut jouir, soit d'un lever, soit d'un coucher de soleil, mais plus particulièrement du lever. Le coucher ne m'embarrasse guère : je suis sûr de le rencontrer partout ailleurs que chez moi. Pour le lever, c'est différent : j'aime à voir le soleil découper des angles sur les murs, à entendre au dehors des gazouillements d'oiseaux, fût-ce de simples moineaux francs... Grétry offrait un louis pour entendre une chanterelle, je donnerais vingt francs pour un merle ; les vingt francs que la ville de Paris me doit encore !

J'ai longtemps habité Montmartre ; on y jouit d'un air très pur, de perspectives variées, et l'on y découvre des horizons magnifiques, soit « qu'ayant été vertueux, l'on aime à voir lever l'aurore », qui est très belle du côté de Paris, soit qu'avec des goûts moins simples, on préfère ces teintes pourprées du couchant, où les nuages déchiquetés et flottants peignent des tableaux de bataille et de transfiguration au-dessus du grand cimetière, entre l'arc de l'Étoile et les coteaux bleuâtres qui vont d'Argenteuil à Pontoise. – Les maisons nouvelles s'avancent toujours, comme la mer diluvienne qui a baigné les flancs de l'antique montagne, gagnant peu à peu les retraites où s'étaient réfugiés les monstres informes reconnus depuis par Cuvier. – Attaqué d'un côté par la rue de l'Empereur, de l'autre par le quartier de la mairie, qui sape les après montées et abaisse les hauteurs du versant de Paris, le vieux mont de Mars aura bien bientôt le sort de la butte des Moulins, qui, au siècle dernier, ne montrait guère un front moins superbe. – Cependant, il nous reste encore un certain nombre de coteaux ceints d'épaisses haies vertes, que l'épine-vinette décore tour à tour de ses fleurs violettes et de ses baies pourprées.

Il y a là des moulins, des cabarets et des tonnelles, des élysées champêtres et des ruelles silencieuses, bordées de chaumières, de granges et de jardins touffus, des plaines vertes coupées de précipices, où les sources filtrent dans la glaise, détachant peu à peu certains îlots de verdure où s'ébattent des chèvres, qui broutent l'acanthe suspendue aux rochers ; des petites filles à l'œil fier, au pied montagnard, les surveillent en jouant entre elles. On rencontre même une vigne, la dernière du cru célèbre de Montmartre, qui luttait, du temps des Romains, avec Argenteuil et Suresnes. Chaque année, cet humble coteau perd une rangée de ses ceps rabougris, qui tombent dans une carrière. – Il y a dix ans, j'aurais pu l'acquérir au prix de trois mille francs... On en demande aujourd'hui trente mille. C'est le plus beau point de vue des environs de Paris.

Château des Brouillards

Ce qui me séduisait dans ce petit espace abrité par les grands arbres du Château des Brouillards, c'était d'abord ce reste de vignoble lié au souvenir de saint Denis, qui, au point de vue des philosophes, était peut-être le second Bacchus, et qui a eu trois corps dont l'un a été enterré à Montmartre, le second à Ratisbonne et le troisième à Corinthe. – C'était ensuite le voisinage de l'abreuvoir, qui, le soir, s'anime du spectacle de chevaux et de chiens que l'on y baigne, et d'une fontaine construite dans le goût antique, où les laveuses causent et chantent comme dans un des premiers chapitres de Werther.

Avec un bas-relief consacré à Diane et peut-être deux figures de naïades sculptées en demi-bosse, on obtiendrait, à l'ombre des vieux tilleuls qui se penchent sur le monument, un admirable lieu de retraite, silencieux ses heures, et qui rappellerait certains points d'étude de la campagne romaine. Au-dessus se dessine et serpente la rue des Brouillards, qui descend vers le chemin des Bœufs, puis le jardin du restaurant Gaucher, avec ses kiosques, ses lanternes et ses statues peintes... La plaine Saint-Denis a des lignes admirables, bornées par les coteaux de Saint-Ouen et de Montmorency, avec des reflets de soleil ou des nuages qui varient à chaque heure du jour. A droite est une rangée de maisons, la plupart fermées pour cause de craquements dans les murs.

C'est ce qui assure la solitude relative de ce site ; car les chevaux et les bœufs qui passent, et même les laveuses, ne troublent pas les méditations d'un sage, et même s'y associent. – La vie bourgeoise, ses intérêts et ses relations vulgaires, lui donnent seuls l'idée de s'éloigner le plus possible des grands centres d'activité.

Il y a à gauche de vastes terrains, recouvrant l'emplacement d'une carrière éboulée, que la commune a concédés à des hommes industrieux qui en ont transformé l'aspect. Ils ont planté des arbres, créé des champs où verdissent la pomme de terre et la betterave, où l'asperge montée étalait naguère ses panaches verts décorés de perles rouges.

On descend le chemin et l'on tourne gauche. Là sont encore deux ou trois collines vertes, entaillées par une route qui plus loin comble des ravins profonds, et qui tend à rejoindre un jour la rue de l'Empereur entre les buttes et le cimetière. On rencontre là un hameau qui sent fortement la campagne, et qui a renoncé depuis trois ans aux travaux malsains d'un atelier de poudrette. – Aujourd'hui, l'on y travaille les résidus des fabriques de bougies stéariques. – Que d'artistes repoussés du prix de Rome sont venus sur ce point étudier la campagne romaine et l'aspect des marais Pontins ! Il y reste même un marais animé par des canards, des oisons et des poules.

Il n'est pas rare aussi d'y trouver des haillons pittoresques sur les épaules des travailleurs. Les collines, fendues çà et là, accusent le tassement du terrain sur d'anciennes carrières ; mais rien n'est plus beau que l'aspect de la grande butte, quand le soleil éclaire ses terrains d'ocre rouge veinés de plâtre et de glaise, ses roches dénudées et quelques bouquets d'arbres encore assez touffus, où serpentent des ravins et des sentiers.

La plupart des terrains et des maisons éparses de cette petite vallée appartiennent à de vieux propriétaires, qui ont calculé sur l'embarras des Parisiens à se créer de nouvelles demeures et sur la tendance qu'ont les maisons du quartier Montmartre à envahir, dans un temps donné, la plaine Saint-Denis. C'est une écluse qui arrête le torrent ; quand elle s'ouvrira, le terrain vaudra cher.- Je regrette d'autant plus d'avoir hésité, il y a dix ans, à donner trois mille francs du dernier vignoble de Montmartre.

Il n'y faut plus penser. Je ne serai jamais propriétaire : et pourtant que de fois, au 8 ou au 15 de chaque trimestre (près de Paris, du moins), j'ai chanté le refrain de M. Vautour :

Quand on n'a pas de quoi payer son terme

Il faut avoir une maison à soi !

J'aurais fait faire dans cette vigne une construction si légère !... Une petite villa dans le goût de Pompéi avec un impluvium et une cella, quelque chose comme la maison du poète tragique. Le pauvre Laviron, mort depuis sur les murs de Rome, m'en avait dessiné le plan. A dire le vrai pourtant, il n'y a pas de propriétaires aux buttes de Montmartre. On ne peut asseoir légalement une propriété sur des terrains minés par des cavités peuplées dans leurs parois de mammouths et de mastodontes. La commune concède un droit de possession qui s'éteint au bout de cent ans... On est campé comme les Turcs ; et les doctrines les plus avancées auraient peine à contester un droit si fugitif où l'hérédité ne peut longuement s'établir.

II. Le château de Saint-Germain

J'ai parcouru les quartiers de Paris qui correspondent à mes relations, et n'ai rien trouvé qu'à des prix impossibles, augmentés par les conditions que formulent les concierges. Ayant rencontré un seul logement au-dessous de trois cents francs, on m'a demandé si j'avais un état pour lequel il fallût du jour. – J'ai répondu, je crois, qu'il m'en fallait pour l'état de ma santé.

– C'est, m'a dit le concierge, que la fenêtre de la chambre s'ouvre sur un corridor qui n'est pas bien clair.

Je n'ai pas voulu en savoir davantage, et j'ai même négligé de visiter une cave à louer, me souvenant d'avoir vu à Londres cette même inscription, suivie de ces mots : « Pour un gentleman seul. »

Je me suis dit :

– Pourquoi ne pas aller demeurer à Versailles ou à Saint-Germain ? La banlieue est encore plus chère que Paris ; mais, en prenant un abonnement du chemin de fer, on peut sans doute trouver des logements dans la plus déserte ou dans la plus abandonnée de ces deux villes. En réalité, qu'est-ce qu'une demi-heure de chemin de fer, le matin et le soir ? On a là les ressources d'une cité, et l'on est presque à la campagne. Vous vous trouvez logé par le fait rue Saint-Lazare, n°130. Le trajet n'offre que de l'agrément, et n'équivaut jamais, comme ennui ou comme fatigue, une course d'omnibus.

Je me suis trouvé très heureux de cette idée, et j'ai choisi Saint-Germain, qui est pour moi une ville de souvenirs. Quel voyage charmant ! Asnières, Chatou, Nanterre et le Pecq ; la Seine trois fois repliée, des points de vue d'îles vertes, de plaines, de bois, de chalets et de villas ; à droite, les coteaux de Colombes, d'Argenteuil et de Carrières ; à gauche, le mont Valérien, Bougival, Luciennes et Marly ; puis la plus belle perspective du monde : la terrasse et les vieilles galeries du château de Henri IV, couronnées par le profil sévère du château de François Ier.

J'ai toujours aimé ce château bizarre, qui, sur le plan, a la forme d'un D gothique, en l'honneur, dit-on, du nom de la belle Diane. – Je regrette seulement de n'y pas voir ces grands toits écaillés d'ardoises, ces clochetons à jour où se déroulaient des escaliers en spirale, ces hautes fenêtres sculptées s'élançant d'un fouillis de toits anguleux qui caractérisent l'architecture valoise. Des maçons ont défiguré, sous Louis XVIII, la face qui regarde le parterre. Depuis, l'on a transformé ce monument en pénitencier, et l'on a déshonoré l'aspect des fossés et des ponts antiques par une enceinte de murailles couvertes d'affiches. Les hautes fenêtres et les balcons dorés, les terrasses où ont paru tour à tour les beautés blondes de la cour des Valois et de la cour des Stuarts, les galants chevaliers des Médicis et les Écossais fidèles de Marie Stuart et du roi Jacques, n'ont jamais été restaurés ; il n'en reste rien que le noble dessin des baies, des tours et des façades, que cet étrange contraste de la brique et de l'ardoise, s'éclairant des feux du soir ou des reflets argentés de la nuit, et cet aspect moitié galant, moitié guerrier, d'un château fort qui, en dedans, contenait un palais splendide dressé sur un montagne, entre une vallée boisée où serpente un fleuve et un parterre qui se dessine sur la lisière d'une vaste forêt.

Je revenais là, comme Ravenswood au château de ses pères ; j'avais eu des parents parmi les hôtes de ce château, – il y a vingt ans déjà ; – d'autres, habitants de la ville ; en tout, quatre tombeaux... Il se mêlait encore à ces impressions de souvenir d'amour et de fêtes remontant à l'époque des Bourbons ; – de sorte que je fus tout à tour heureux et triste tout un soir !

Un incident vulgaire vint m'arracher à la poésie de ces rêves de jeunesse. La nuit étant venue, après avoir parcouru les rues et les places, et salué des demeures aimées jadis, donné un dernier coup d'œil aux côtes de l'étang de Mareil et de Chambourcy, je m'étais enfin reposé dans un café qui donne sur la place du Marché. On me servit une chope de bière. Il y avait au fond trois cloportes ; – un homme qui a vécu en Orient est incapable de s'affecter d'un pareil détail.

– Garçon ! dis-je, il est possible que j'aime les cloportes ; mais, une autre fois, si j'en demande, je désirerais qu'on me les servît à part.

Le mot n'était pas neuf, s'étant déjà appliqué à des cheveux servis sur une omelette ; mais il pouvait encore être goûté à Saint-Germain. Les habitués, bouchers ou conducteurs de bestiaux, le trouvèrent agréable.

Le garçon me répondit imperturbablement :

– Monsieur, cela ne doit pas vous étonner ; on fait en ce moment des réparations au château, et ces insectes se réfugient dans les maisons de la ville. Ils aiment beaucoup la bière et y trouvent leur tombeau.

– Garçon, lui dis-je, vous êtes plus beau que nature ; et votre conversation me séduit... Mais est-il vrai que l'on fasse des réparations au château ?

– Monsieur vient d'en être convaincu.

– Convaincu, grâce à votre raisonnement ; mais êtes-vous sûr du fait en lui-même ?

– Les journaux en ont parlé.

Absent de France pendant longtemps, je ne pouvais contester ce témoignage. Le lendemain, je me rendis au château pour voir où en était la restauration. Le sergent-concierge me dit, avec un sourire qui n'appartient qu'à un militaire de ce grade :

– Monsieur, seulement pour raffermir les fondations du château, il faudrait neuf millions ; les apportez-vous ?

Je suis habitué à ne m'étonner de rien.

– Je ne les ai pas sur moi, observai-je ; mais cela pourrait encore se trouver !

– Eh bien, dit-il, quand vous les apporterez, nous vous ferons voir le château.

J'étais piqué ; ce qui me fit retourner à Saint-Germain deux jours après. J'avais trouvé l'idée.

– Pourquoi, me disais-je, ne pas faire une souscription ? La France est pauvre ; mais il viendra beaucoup d'Anglais l'année prochaine pour l'exposition des Champs-Élysées. Il est impossible qu'ils ne nous aident pas à sauver de la destruction un château qui a hébergé plusieurs générations de leurs reines et de leurs rois. Toutes les familles jacobites y ont passé. – La ville encore est à moitié pleine d'Anglais ; j'ai chanté tout enfant les chansons du roi Jacques et pleuré Marie Stuart en déclamant les vers de Ronsard et de du Bellay... La race des King-Charles emplit les rues comme une preuve vivante encore des affections de tant de races disparues... Non ! me dis-je, les Anglais ne refuseront pas de s'associer une souscription doublement nationale. Si nous contribuons par des monacos, ils trouveront bien des couronnes et des guinées !

Fort de cette combinaison, je suis allé la soumettre aux habitués du Café du Marché. Ils l'ont accueillie avec enthousiasme, et, quand j'ai demandé une chope de bière sans cloportes, le garçon m'a dit :

– Oh ! non, monsieur, plus aujourd'hui !

Au château, je me suis présenté la tête haute. Le sergent m'a introduit au corps de garde, où j'ai développé mon idée avec succès, et le commandant, qu'on a averti, a bien voulu permettre que l'on me fît voir la chapelle et les appartements des Stuarts, fermés aux simples curieux. Ces derniers sont dans un triste état, et, quant aux galeries, aux salles antiques et aux chambres des Médicis, il est impossible de les reconnaître depuis des siècles, grâce aux sculptures, aux maçonneries et aux faux plafonds qui ont approprié ce château aux convenances militaires.

Que la cour est belle, pourtant ! ces profils sculptés, ces arceaux, ces galeries chevaleresques, l'irrégularité même du plan, la teinte rouge des façades, tout cela fait rêver aux châteaux d'Écosse et d'Irlande, à Walter Scott et à Byron. On a tant fait pour Versailles et tant pour Fontainebleau. Pourquoi donc ne pas relever ce débris précieux de notre histoire ? La malédiction de Catherine de Médicis, jalouse du monument construit en l'honneur de Diane, s'est continuée sous les Bourbons. Louis XIV craignait de voir la flèche de Saint Denis ; ses successeurs ont tout fait pour Saint-Cloud et Versailles. Aujourd'hui, Saint-Germain attend encore le résultat d'une promesse que la guerre a peut-être empêché de réaliser.

III. Une société chantante

Ce que le concierge m'a fait voir avec le plus d'amour, est une série de petites loges qu'on appelle les cellules, où couchent quelques militaires du pénitencier. Ce sont de véritables boudoirs ornés de peintures à fresque représentant des paysages. Le lit se compose d'un matelas de crin soutenu par des élastiques ; le tout très propre et très coquet, comme une cabine d'officier de vaisseau.

Seulement, le jour y manque, comme dans la chambre qu'on m'offrait à Paris, et l'on ne pourrait pas y demeurer ayant un état pour lequel il faudrait du jour. « – J'aimerais, dis-je au sergent, une chambre moins bien décorée et plus près des fenêtres. – Quand on se lève avant le jour, c'est bien indifférent ! me répondit-il. » je trouvai cette observation de la plus grande justesse.

En repassant par le corps de garde, je n'eus qu'à remercier le commandant de sa politesse, et le sergent ne voulut accepter aucune buona mano.

Mon idée de souscription anglaise me trottait dans la tête, et j'étais bien aise d'en essayer l'effet sur des habitants de la ville ; de sorte qu'allant dîner au pavillon de Henri IV, d'où l'on jouit de la plus admirable vue qui soit en France, dans un kiosque ouvert sur un panorama de dix lieues, j'en fis part à trois Anglais et à une Anglaise, qui en furent émerveillés, et trouvèrent ce plan très conforme à leurs ides nationales. – Saint-Germain a cela de particulier, que tout le monde s'y connaît, qu'on y parle haut dans les établissements publics, et que l'on peut même s'y entretenir avec des dames anglaises sans leur être présenté. On s'ennuierait tellement sans cela ! Puis c'est une population à part, classée, il est vrai, selon les conditions, mais entièrement locale.

Il est très rare qu'un habitant de Saint-Germain vienne à Paris ; certains d'entre eux ne font pas ce voyage une fois en dix ans. Les familles étrangères vivent aussi là entre elles avec la familiarité qui existe dans les villes d'eaux. Et ce n'est pas l'eau, c'est l'air pur que l'on vient chercher à Saint-Germain. Il y a des maisons de santé charmantes, habitées par des gens très bien portants, mais fatigués du bourdonnement et du mouvement insensés de la capitale. La garnison, qui tait autrefois de gardes du corps, et qui est aujourd'hui de cuirassiers de la garde, n'est pas étrangère peut-être la résidence de quelques jeunes beautés, filles ou veuves, qu'on rencontre à cheval ou à âne sur la route des Loges ou du château du Val. Le soir, les boutiques s'éclairent rue de Paris et rue au Pain ; on cause d'abord sur la porte, on rit, on chante même. – L'accent des voix est fort distinct de celui de Paris ; les jeunes filles ont la voix pure et bien timbrée, comme dans les pays de montagnes. En passant dans la rue de l'Église, j'entendis chanter au fond d'un petit café. J'y voyais entrer beaucoup de monde et surtout des femmes. En traversant la boutique, je me trouvai dans une grande salle toute pavoise de drapeaux et de guirlandes avec les insignes maçonniques et les inscriptions d'usage. – J'ai fait partie autrefois des Joyeux et des Bergers de Syracuse ; je n'étais donc pas embarrassé de me présenter.

Le bureau était majestueusement établi sous un dais orné de draperies tricolores, et le président me fit le salut cordial qui se doit à un visiteur. Je me rappellerai toujours qu'aux Bergers de Syracuse, on ouvrait généralement la séance par ce toast : « Aux Polonais !... et à ces dames ! » Aujourd'hui, les Polonais sont un peu oubliés. – Du reste, j'ai entendu de fort jolies chansons dans cette réunion, mais surtout des voix de femmes ravissantes. Le Conservatoire n'a pas terni l'éclat de ces intonations pures et naturelles, de ces trilles empruntés au chant du rossignol ou du merle, ou n'a pas faussé avec les leçons du solfège ces gosiers si frais et si riches en mélodie. Comment se fait-il que ces femmes chantent si juste ? Et pourtant tout musicien de profession pourrait dire chacune d'elles : « Vous ne savez pas chanter. » Rien n'est amusant comme les chansons que les jeunes filles composent elles-mêmes, et qui font, en général, allusion aux trahisons des amoureux ou aux caprices de l'autre sexe.

Quelquefois, il y a des traits de raillerie locale qui échappent au visiteur étranger. Souvent un jeune homme et une jeune fille se répondent comme Daphnis et Chloé, comme Myrtil et Sylvie. En m'attachant à cette pensée, je me suis trouvé tout ému, tout attendri, comme à un souvenir de la jeunesse... C'est qu'il y a un âge – âge critique, comme on le dit, pour les femmes, – où les souvenirs renaissent si vivement, où certains dessins oubliés reparaissent sous la trame froissée de la vie ! On n'est pas assez vieux pour ne plus songer à l'amour, on n'est plus assez jeune pour penser toujours à plaire. – Cette phrase, je l'avoue, est un peu Directoire. Ce qui l'amène sous ma plume, c'est que j'ai entendu un ancien jeune homme qui, ayant décroché du mur une guitare, exécuta admirablement la vieille romance de Garat :

Plaisir d'amour ne dure qu'un moment...

Chagrin d'amour dure toute la vie !

Il avait les cheveux frisés à l'incroyable, une cravate blanche, une épingle de diamant sur son jabot, et des bagues à lacs d'amour. Ses mains étaient blanches et fines comme celles d'une jolie femme. Et, si j'avais été femme, je l'aurais aimé, malgré son âge ; car sa voix allait au cœur.

Ce brave homme m'a rappelé mon père, qui, jeune encore, chantait avec goût des airs italiens, à son retour de Pologne. Il y avait perdu sa femme, et ne pouvait s'empêcher de pleurer, en s'accompagnant de la guitare, aux paroles d'une romance qu'elle avait aimée, et dont j'ai toujours retenu ce passage :

Mamma mia, medicate

Questa piaga, per pietà !

Melicerto fu l'arciero

Perchè pace in cor non ho !

Malheureusement, la guitare est aujourd'hui vaincue par le piano, ainsi que la harpe ; ce sont là des galanteries et des grâces d'un autre temps. Il faut aller à Saint-Germain pour retrouver, dans le petit monde paisible encore, les charmes effacés de la société d'autrefois.

Je suis sorti par un beau clair de lune, m'imaginant vivre en 1827, époque où j'ai quelque temps habité Saint-Germain. Parmi les jeunes filles présentes à cette petite fête, j'avais reconnu des yeux accentués, des traits réguliers, et, pour ainsi dire, classiques, des intonations particulières au pays, qui me faisaient rêver à des cousines, à des amies de cette époque, comme si dans un autre monde j'avais retrouvé mes premières amours. Je parcourais au clair de lune ces rues et ces promenades endormies. J'admirais les profils majestueux du château, j'allais respirer l'odeur des arbres presque effeuillés la lisière de la forêt, je goûtais mieux cette heure l'architecture de l'église, où repose l'épouse de Jacques II, et qui semble un temple romain.

Vers minuit, j'allai frapper à la porte d'un hôtel où je couchais souvent, il y a quelques années. Impossible d'éveiller personne. Des bœufs défilaient silencieusement, et leurs conducteurs ne purent me renseigner sur les moyens de passer la nuit. En revenant sur la place du Marché, je demandai au factionnaire s'il connaissait un hôtel où l'on pût recevoir un Parisien relativement attardé. – « Entrez au poste, on vous dira cela », me répondit-il.

Dans le poste, je rencontrai de jeunes militaires qui me dirent : – « C'est bien difficile ! On se couche ici à dix heures ; mais chauffez-vous un instant. » On jeta du bois dans le poêle ; je me mis à causer de l'Afrique et de l'Asie. Cela les intéressait tellement, que l'on réveillait pour m'écouter ceux qui s'étaient endormis. Je me vis conduit à chanter des chansons arabes et grecques, car la société chantante m'avait mis dans cette disposition. Vers deux heures, un des soldats me dit : – « Vous avez bien couché sous la tente... Si vous voulez, prenez place sur le lit de camp. » On me fit un traversin avec un sac de munition, je m'enveloppai de mon manteau, et je m'apprêtais à dormir quand le sergent rentra et dit : – « Où est-ce qu'ils ont encore ramassé cet homme-là ? – C'est un homme qui parle assez bien, dit un des fusiliers ; il a été en Afrique.

– S'il a été en Afrique, c'est différent, dit le sergent ; mais on admet quelquefois ici des individus qu'on ne connaît pas ; c'est imprudent... Ils pourraient enlever quelque chose !

– Ce ne serait pas les matelas, toujours ! murmurai-je.

– Ne faites pas attention, me dit l'un des soldats : c'est son caractère ; et puis il vient de recevoir une politesse... ça le rend grognon. »

J'ai dormi fort bien jusqu'au point du jour ; et, remerciant ces braves soldats ainsi que le sergent, tout à fait radouci, je m'en allai faire un tour vers les coteaux de Mareil pour admirer les splendeurs du soleil levant.

Je le disais tout à l'heure, – mes jeunes années me reviennent, – et l'aspect des lieux aimés rappelle en moi le sentiment des choses passées. Saint-Germain, Senlis et Dammartin, sont les trois villes qui, non loin de Paris, correspondent à mes souvenirs les plus chers. La mémoire de vieux parents morts se rattache mélancoliquement à la pensée de plusieurs jeunes filles dont l'amour m'a fait poète, ou dont les dédains m'ont fait parfois ironique et songeur.

J'ai appris le style en écrivant des lettres de tendresse ou d'amitié, et, quand je relis celles qui ont été conservées, j'y retrouve fortement tracée l'empreinte de mes lectures d'alors, surtout de Diderot, de Rousseau et de Sénancourt. Ce que je viens de dire expliquera le sentiment dans lequel ont été écrites les pages suivantes. Je m'étais repris à aimer Saint-Germain par ces derniers beaux jours d'automne. Je m'établis à l'Ange Gardien, et, dans les intervalles de mes promenades, j'ai tracé quelques souvenirs que je n'ose intituler Mémoires, et qui seraient plutôt conçus selon le plan des promenades solitaires de Jean-Jacques. Je les terminerai dans le pays même où j'ai été élevé, et où il est mort.

IV. Juvenilia

Le hasard a joué un si grand rôle dans ma vie, que je ne m'étonne pas en songeant à la façon singulière dont il a présidé à ma naissance. C'est, dira-t-on, l'histoire de tout le monde. Mais tout le monde n'a pas occasion de raconter son histoire.

Et, si chacun le faisait, il n'y aurait pas grand mal : l'expérience de chacun est le trésor de tous.

Un jour, un cheval s'échappa d'une pelouse verte qui bordait l'Aisne, et disparut bientôt entre les halliers ; il gagna la région sombre des arbres et se perdit dans la forêt de Compiègne. Cela se passait vers 1770.

Ce n'est pas un accident rare qu'un cheval échappé à travers une forêt. Et cependant, je n'ai guère d'autre titre à l'existence. Cela est probable du moins, si l'on croit à ce que Hoffmann appelait l'enchaînement des choses.

Mon grand-père était jeune alors. Il avait pris le cheval dans l'écurie de son père, puis il s'était assis sur le bord de la rivière, rêvant à je ne sais quoi, pendant que le soleil se couchait dans les nuages empourprés du Valois et du Beauvoisis.

L'eau verdissait et chatoyait de reflets sombres, des bandes violettes striaient les rougeurs du couchant. Mon grand-père, en se retournant pour partir, ne trouva plus le cheval qui l'avait amené. En vain il le chercha, l'appela jusqu'à la nuit. Il lui fallut revenir à la ferme.

Il était d'un naturel silencieux ; il évita les rencontres, monta à sa chambre et s'endormit, comptant sur la Providence et sur l'instinct de l'animal, qui pouvait bien lui faire retrouver la maison.

C'est ce qui n'arriva pas. Le lendemain matin, mon grand-père descendit de sa chambre et rencontra dans la cour son père, qui se promenait à grands pas. Il s'était aperçu déjà qu'il manquait un cheval à l'écurie. Silencieux comme son fils, il n'avait pas demandé quel était le coupable : il le reconnut en le voyant devant lui.

Je ne sais ce qui se passa. Un reproche trop vif fut cause sans doute de la résolution que prit mon grand-père. Il monta à sa chambre, fit un paquet de quelques habits, et, à travers la forêt de Compiègne, il gagna un petit pays situé entre Ermenonville et Senlis, près des étangs de Châalis, vieille résidence carlovingienne. Là, vivait un de ses oncles, qui descendait, dit-on, d'un peintre flamand du XVIIe siècle. Il habitait un ancien pavillon de chasse aujourd'hui ruiné, qui avait fait partie des apanages de Marguerite de Valois. Le champ voisin, entouré de halliers qu'on appelle les bosquets, était situé sur l'emplacement d'un ancien camp romain et a conservé le nom du dixième des Césars. On y récolte du seigle dans les parties qui ne sont pas couvertes de granits et de bruyères. Quelquefois, on y a rencontré, en traçant, des pots étrusques, des médailles, des épées rouillées ou des images informes de dieux celtiques.

Mon grand-père aida le vieillard à cultiver ce champ, et fut récompensé patriarcalement en épousant sa cousine. Je ne sais pas au juste l'époque de leur mariage ; mais, comme il se maria avec l'épée, comme aussi ma mère reçut le nom de Marie Antoinette avec celui de Laurence, il est probable qu'ils furent mariés un peu avant la Révolution.

Aujourd'hui, mon grand-père repose, avec sa femme et sa plus jeune fille, au milieu de ce champ qu'il cultivait jadis. Sa fille aînée est ensevelie bien loin de là, dans la froide Silésie, au cimetière catholique polonais de Gross-Glogaw. Elle est morte à vingt-cinq ans des fatigues de la guerre, d'une fièvre qu'elle gagna en traversant un pont chargé de cadavres, où sa voiture manqua d'être renversée. Mon père, forcé de rejoindre l'armée à Moscou, perdit plus tard ses lettres et ses bijoux dans les flots de la Bérésina.

Je n'ai jamais vu ma mère, ses portraits ont été perdus ou volés ; je sais seulement qu'elle ressemblait à une gravure du temps, d'après Prudhon ou Fragonard, qu'on appelait *la Modestie.*

La fièvre dont elle est morte m'a saisi trois fois, à des époques qui forment dans ma vie des divisions singulières, périodiques. Toujours, à ces époques, je me suis senti l'esprit frappé des images de deuil et de désolation qui ont entouré mon berceau. Les lettres qu'écrivait ma mère des bords de la Baltique, ou des rives de la Sprée ou du Danube, m'avaient été lues tant de fois ! Le sentiment du merveilleux, le goût des voyages lointains, ont été sans doute pour moi le résultat de ces impressions premières, ainsi que du séjour que j'ai fait longtemps dans une campagne isolée au milieu des bois. Livré souvent aux soins des domestiques et des paysans, j'avais nourri mon esprit de croyances bizarres, de légendes et de vieilles chansons. Il y avait là de quoi faire un poète, et je ne suis qu'un rêveur en prose.

J'avais sept ans, et je jouais, insoucieux, sur la porte de mon oncle, quand trois officiers parurent devant la maison ; l'or noirci de leurs uniformes brillait à peine sous leurs capotes de soldat. Le premier m'embrassa avec une telle effusion, que je m'écriai :

– Mon père !... tu me fais mal !

De ce jour, mon destin changea.

Tous trois revenaient du siège de Strasbourg. Le plus âgé, sauvé des flots de la Bérésina glacée, me prit avec lui pour m'apprendre ce qu'on appelait mes devoirs. J'étais faible encore, et la gaieté de son plus jeune frère me charmait pendant mon travail. Un soldat qui les servait eut l'idée de me consacrer une partie de ses nuits. Il me réveillait avant l'aube et me promenait sur les collines voisines de Paris, me faisant déjeuner de pain et de crème dans les fermes ou dans les laiteries.

V. Premières années

Une heure fatale sonna pour la France ; son héros, captif lui-même au sein d'un vaste empire, voulut réunir dans le champ de Mai l'élite de ses héros fidèles. Je vis ce spectacle sublime dans la loge des généraux. On distribuait aux régiments des étendards ornés d'aigles d'or, confiés désormais à la fidélité de tous.

Un soir, je vis se dérouler sur la grande place de la ville une immense décoration qui représentait un vaisseau en mer. La nef se mouvait sur une onde agitée, et semblait voguer vers une tour qui marquait le rivage. Une rafale violente détruisit l'effet de cette représentation. Sinistre augure, qui prédisait à la patrie le retour des étrangers.

Nous revîmes les fils du Nord, et les cavales de l'Ukraine rongèrent encore une fois l'écorce des arbres de nos jardins. Mes sœurs du hameau revinrent à tire-d'aile, comme des colombes plaintives, et m'apportèrent dans leurs bras une tourterelle aux pieds roses, que j'aimais comme une autre sœur.

Un jour, une des belles dames qui visitaient mon père me demanda un léger service : J'eus le malheur de lui répondre avec impatience. Quand je retournai sur la terrasse, la tourterelle s'était envolée.

J'en conçus un tel chagrin, que je faillis mourir d'une fièvre purpurine qui fit porter à l'épiderme tout le sang de mon cœur. On crut me consoler en me donnant pour compagnon un jeune sapajou rapporté d'Amérique par un capitaine, ami de mon père. Cette jolie bête devint la compagne de mes jeux et de mes travaux.

J'étudiais à la fois l'italien, le grec et le latin, l'allemand, l'arabe et le persan. Le *Pastor fido*, *Faust*, Ovide et Anacréon, étaient mes poèmes et mes poètes favoris. Mon écriture, cultivée avec soin, rivalisait parfois de grâce et de correction avec les manuscrits les plus célèbres de l'Iram. Il fallait encore que le trait d'amour perçât mon cœur d'une de ses flèches les plus brûlantes ! Celle-là partit de l'arc délié du sourcil noir d'une vierge à l'œil d'ébène, qui s'appelait Héloise. – J'y reviendrai plus tard.

J'étais toujours entouré de jeunes filles ; – l'une d'elles était ma tante ; deux femmes de la maison, Jeannette et Fanchette, me comblaient aussi de leurs soins. Mon sourire enfantin rappelait celui de ma mère, et mes cheveux blonds, mollement ondulés, couvraient avec caprice la grandeur précoce de mon front. Je devins épris de Fanchette, et je conçus l'idée singulière de la prendre pour épouse selon les rites des aïeux. Je célébrai moi-même le mariage, en figurant la cérémonie au moyen d'une vieille robe de ma grand-mère que j'avais jetée sur mes épaules. Un ruban pailleté d'argent ceignait mon front, et j'avais relevé la pâleur ordinaire des mes joues d'une légère couche de fard. Je pris à témoin le Dieu de nos pères et la Vierge sainte, dont je possédais une image, et chacun se prêta avec complaisance ce jeu naïf d'un enfant.

Cependant, j'avais grandi ; un sang vermeil colorait mes joues ; j'aimais à respirer l'air des forêts profondes. Les ombrages d'Ermenonville, les solitudes de Morfontaine, n'avaient plus de secrets pour moi. Deux de mes cousines habitaient par là. J'étais fier de les accompagner dans ces vieilles forêts, qui semblaient leur domaine.

Le soir, pour divertir de vieux parents, nous représentions les chefs-d'œuvre des poètes, et un public bienveillant nous comblait d'éloges et de couronnes. Une jeune fille vive et spirituelle, nommée Louise, partageait nos triomphes ; on l'aimait dans cette famille, où elle représentait la gloire des arts.

Je m'étais rendu très fort sur la danse. Un mulâtre, nommé Major, m'enseignait à la fois les premiers éléments de cet art et ceux de la musique, pendant qu'un peintre de portraits, nommé Mignard, me donnait des leçons de dessin. Mademoiselle

Nouvelle était l'étoile de notre salle de danse. Je rencontrai un rival dans un joli garçon nommé Provost. Ce fut lui qui m'enseigna l'art dramatique : nous représentions ensemble des petites comédies qu'il improvisait avec esprit. Mademoiselle Nouvelle était naturellement notre actrice principale et tenait une balance si exacte entre nous deux, que nous soupirions sans espoir... Le pauvre Provost s'est fait depuis acteur sous le nom de Raymond ; il se souvint de ses premières tentatives, et se mit à composer des féeries, dans lesquelles il eut pour collaborateurs les frères Cogniard. – Il a fini bien tristement en se prenant de querelle avec un régisseur de la Gat, auquel il donna un soufflet. Rentré chez lui, il réfléchit amèrement aux suites de son imprudence, et, la nuit suivante, se perça le cœur d'un coup de poignard.

VI. Héloïse

La pension que j'habitais avait un voisinage de jeunes brodeuses. L'une d'elles, qu'on appelait la Créole, fut l'objet de mes premiers vers d'amour ; son œil sévère, la sereine placidité de son profil grec, me réconciliaient avec la froide dignité des études ; c'est pour elle que je composai des traductions versifiées de l'ode d'Horace *A Tyndaris*, et d'une mélodie de Byron, dont je traduisais ainsi le refrain :

Dis-moi, jeune fille d'Athènes,

Pourquoi m'as-tu ravi mon cœur ?

Quelquefois, je me levais dès le point du jour et je prenais la route de ***, courant et déclamant mes vers au milieu d'une pluie battante. La cruelle se riait de mes amours errantes et de mes soupirs ! C'est pour elle que je composai la pièce suivante, imitée d'une poésie de Thomas Moore :

Quand le plaisir brille en tes yeux,

Pleins de douceur et d'espérance...

J'échappe à ces amours volages pour raconter mes premières peines. Jamais un mot blessant, un soupir impur, n'avaient rouillé l'hommage que je rendais à mes cousines. Héloïse, la première, me fit connaître la douleur. Elle avait pour gouvernante une bonne vieille Italienne qui fut instruite de mon amour. Celle-ci s'entendit avec la servante de mon père pour nous procurer une entrevue. On me fit descendre en secret dans une chambre où la figure d'Héloïse était représentée par un vaste tableau. Une épingle d'argent perçait le nœud touffu de ses cheveux d'ébène, et son buste étincelait comme celui d'une reine, pailleté de tresses d'or sur un fond de soie et de velours. Éperdu, fou d'ivresse, je m'étais jeté à genoux devant l'image ; une porte s'ouvrit, Héloïse vint à ma rencontre et me regarda d'un œil souriant.

– Pardon, reine, m'écriai-je, je me croyais le Tasse aux pieds d'Eléonore, ou le tendre Ovide aux pieds de Julie !...

Elle ne put rien me répondre, et nous restâmes tous deux muets dans une demi-obscurité. Je n'osai lui baiser la main car mon cœur se serait brisé. – O douleurs et regrets de mes jeunes amours perdues ! que vos souvenirs sont cruels ! « Fièvres éteintes de l'âme humaine, pourquoi revenez-vous encore échauffer un cœur qui ne bat plus ? » Héloïse est mariée aujourd'hui ; Fanchette, Sylvie et Adrienne sont à jamais perdues pour moi : – le monde est désert. Peuplé de fantômes aux voix plaintives, il murmure des chants d'amour sur les débris de mon néant ! Revenez pourtant, douces images ; j'ai tant aimé ! j'ai tant souffert ! « Un oiseau qui vole dans l'air a dit son secret au bocage, qui l'a redit au vent qui passe, – et les eaux plaintives ont répété le mot suprême : – Amour ! amour ! »

VII. Voyage au Nord

Que le vent enlève ces pages écrites dans des instants de fièvre ou de mélancolie, – peu importe : il en a déjà dispersé quelques-unes, et je n'ai pas le courage de les récrire. En fait de mémoires, on ne sait jamais si le public s'en soucie, – et cependant je suis du nombre des écrivains dont la vie tient intimement aux ouvrages qui les ont fait connaître. N'est-on pas aussi, sans le vouloir, le sujet de biographies directes ou déguisées ? Est-il plus modeste de se peindre dans un roman sous le nom de Lélio, d'Octave ou d'Arthur, ou de trahir ses plus intimes motions dans un volume de poésies ? Qu'on nous pardonne ces élans de personnalité, nous qui vivons sous le regard de tous, et qui, glorieux ou perdus, ne pouvons plus atteindre au bénéfice de l'obscurité !

Si je pouvais faire un peu de bien en passant, j'essayerais d'appeler quelque attention sur ces pauvres villes délaissées dont les chemins de fer ont détourné la circulation et la vie. Elles s'asseyent tristement sur les débris de leur fortune passée, et se concentrent en elles-mêmes, jetant un regard désenchanté sur les merveilles d'une civilisation qui les condamne ou les oublie. Saint-Germain m'a fait penser à Senlis, et, comme c'était un mardi, j'ai pris l'omnibus de Pontoise, qui ne circule plus que les jours de marché. J'aime à contrarier les chemins de fer, et Alexandre Dumas, que j'accuse d'avoir un peu brodé dernièrement sur mes folies de jeunesse, a dit avec vérité que j'avais dépensé deux cents francs et mis huit jours pour l'aller voir à Bruxelles, par l'ancienne route de Flandre, – et en dépit du chemin de fer du Nord.

Non, je n'admettrai jamais, quelles que soient les difficultés des terrains, que l'on fasse huit lieues, ou, si vous voulez, trente-deux kilomètres, pour aller à Poissy en évitant Saint-Germain, et trente lieues pour aller à Compiègne en évitant Senlis. Ce n'est qu'en France que l'on peut rencontrer des chemins si contrefaits. Quand le chemin belge perçait douze montagnes pour arriver à Spa, nous étions en admiration devant ces faciles contours de notre principale artère, qui suivent tour à tour les lits capricieux de la Seine et de l'Oise, pour éviter une ou deux pentes de l'ancienne route du Nord.

Pontoise est encore une de ces villes, situées sur des hauteurs, qui me plaisent par leur aspect patriarcal, leurs promenades, leurs points de vue, et la conservation de certaines mœurs, qu'on ne rencontre plus ailleurs. On y joue encore dans les rues, on cause, on chante le soir sur le devant des portes ; les restaurateurs sont des pâtissiers ; on trouve chez eux quelque chose de la vie de famille ; les rues, en escaliers, sont amusantes à parcourir ; la promenade tracée sur les anciennes tours domine la magnifique vallée où coule l'Oise.

De jolies femmes et de beaux enfants s'y promènent. On surprend en passant, on envie tout ce petit monde paisible qui vit à part dans ses vieilles maisons, sous ses beaux arbres, au milieu de ces beaux aspects et de cet air pur. L'église est belle et d'une conservation parfaite. Un magasin de nouveautés parisiennes s'éclaire auprès, et ses demoiselles sont vives et rieuses comme dans *la Fiancée* de M. Scribe... Ce qui fait le charme, pour moi, des petites villes un peu abandonnées, c'est que j'y retrouve quelque chose du Paris de ma jeunesse. L'aspect des maisons, la forme des boutiques, certains usages, quelques costumes... A ce point de vue, si Saint-Germain rappelle 1830, Pontoise rappelle 1820 ; – je vais plus loin encore retrouver mon enfance et le souvenir de mes parents.

Cette fois, je bénis le chemin de fer, – une heure au plus me sépare de Saint-Leu : – le cours de l'Oise, si calme et si verte, découpant au clair de lune ses îlots de peupliers, l'horizon festonné de collines et de forêts, les villages aux noms connus qu'on appelle à chaque station, l'accent déjà sensible des paysans qui montent d'une distance à l'autre, les jeunes filles coiffées de madras, selon l'usage de cette province, tout cela m'attendrit et me charme : il me semble que je respire un autre air ; et, en mettant le pied sur le sol, j'éprouve un sentiment plus vif encore que celui qui m'animait naguère en repassant le Rhin : la terre paternelle, c'est deux fois la patrie.

J'aime beaucoup Paris, où le hasard m'a fait naître, – mais j'aurais pu naître aussi bien sur un vaisseau, – et Paris, qui porte dans ses armes la *bari* ou nef mystique des Égyptiens, n'a pas dans ses murs cent mille Parisiens véritables. Un homme du Midi, s'unissant là par hasard à une femme du Nord, ne peut produire un enfant de nature lutécienne. On dira à cela : « Qu'importe ! » Mais demandez un peu aux gens de province s'il importe d'être de tel ou tel pays.

Je ne sais si ces observations ne semblent pas bizarres ; cherchant à étudier les autres dans moi-même, je me dis qu'il y a dans l'attachement à la terre beaucoup de l'amour de la famille. Cette piété qui s'attache aux lieux est aussi une portion du noble sentiment qui nous unit à la patrie. En revanche, les cités et les villages se parent avec fierté des illustrations qui proviennent de leur sol. Il n'y a plus là division ou jalousie locale, tout se rapporte au centre national, et Paris est le foyer de toutes ces gloires. Me direz-vous pourquoi j'aime tout le monde dans ce pays, où je retrouve des intonations connues autrefois, où les vieilles ont les traits de celles qui m'ont bercé, où les jeunes gens et les jeunes filles me rappellent les compagnons de ma première jeunesse ? Un vieillard passe : il m'a semblé voir mon grand-père ; il parle, c'est presque sa voix ; – cette jeune personne a les traits de ma tante, morte vingt-cinq ans ; une plus jeune me rappelle une petite paysanne qui m'a aimé et qui m'appelait son petit mari, – qui dansait et chantait toujours, et qui, le dimanche au printemps, se faisait des couronnes de marguerites. Qu'est-elle devenue, la pauvre Célénie, avec qui je courais dans la forêt de Chantilly, et qui avait si peur des gardes-chasse et des loups !

VIII. Chantilly

Voici les deux tours de Saint-Leu, le village sur la hauteur, séparé par le chemin de fer de la partie qui borde l'Oise. On monte vers Chantilly en côtoyant de hautes collines de grès d'un aspect solennel, puis c'est un bout de la forêt ; la Nonette brille dans les prés bordant les dernières maisons de la ville. – La Nonette ! une des chères petites rivières où j'ai pêché des écrevisses ; – de l'autre côté de la forêt coule sa sœur la Thève, où je me suis presque noyé pour n'avoir pas voulu paraître poltron devant la petite Célénie !

Célénie m'apparaît souvent dans mes rêves comme une nymphe des eaux, tentatrice naïve, follement enivrée de l'odeur des prés, couronnée d'ache et de nénuphar, découvrant, dans son rire enfantin, entre ses joues à fossettes, les dents de perles de la nixe germanique. Et certes, l'ourlet de sa robe était très souvent mouillé comme il convient à ses pareilles... Il fallait lui cueillir des fleurs aux bords marneux des étangs de Commelle, ou parmi les joncs et les oseraies qui bordent les métairies de Coye. Elle aimait les grottes perdues dans les bois, les ruines des vieux châteaux, les temples écroulés aux colonnes festonnées de lierre, le foyer des bûcherons, où elle chantait et racontait les vieilles légendes du pays ! – madame de Montfort, prisonnière dans sa tour, qui tantôt s'envolait en cygne, et tantôt frétillait en beau poisson d'or dans les fossés de son château ; – la fille du pâtissier, qui portait des gâteaux au comte d'Ory, et qui, forcée à passer la nuit chez son seigneur, lui demanda son poignard pour ouvrir le nœud d'un lacet et s'en perça le cœur ; – les moines rouges, qui enlevaient les femmes, et les plongeaient dans des souterrains ; – la fille du sire de Pontarmé, éprise du beau Lautrec, et enfermée sept ans par son père, après quoi elle meurt ; et le chevalier, revenant de la croisade, fait découdre avec un couteau d'or fin son linceul de fine toile ; elle ressuscite, mais ce n'est plus qu'une goule affamée de sang... Henri IV et Gabrielle, Biron et Marie de Loches, et que sais-je encore de tant de récits dont sa mémoire était peuplée ! Saint Rieul parlant aux grenouilles, saint Nicolas ressuscitant les trois petits enfants hachés comme chair à pâté par un boucher de

Clermont-sur-Oise. Saint Léonard, saint Loup et saint Guy ont laissé dans ces cantons mille témoignages de leur sainteté et de leurs miracles. Célénie montait sur les roches ou sur les dolmens druidiques, et les racontait aux jeunes bergers. Cette petite Velléda du vieux pays des Sylvanectes m'a laissé des souvenirs que le temps ravive. Qu'est-elle devenue ? Je m'en informerai du côté de la Chapelle-en-Serval ou de Charlepont, ou de Montméliant... Elle avait des tantes partout, des cousines sans nombre : que de morts dans tout cela ! que de malheureux sans doute dans un pays si heureux autrefois !

Au moins, Chantilly porte noblement sa misère ; comme ces vieux gentilshommes au linge blanc, à la tenue irréprochable, il a cette fière attitude qui dissimule le chapeau déteint ou les habits râpés... Tout est propre, rangé, circonspect ; les voix résonnent harmonieusement dans les salles sonores. On sent partout l'habitude du respect, et la cérémonie qui régnait jadis au château règle un peu les rapports des placides habitants. C'est plein d'anciens domestiques retraités, conduisant des chiens invalides ; – quelques-uns sont devenus des maîtres, et ont pris l'aspect vénérable des vieux seigneurs qu'ils ont servis.

Chantilly est comme une longue rue de Versailles.

Il faut voir cela l'été, par un splendide soleil, en passant à grand bruit sur ce beau pavé qui résonne. Tout est préparé là pour les splendeurs princières et pour la foule privilégiée des chasses et des courses. Rien n'est étrange comme cette grande porte qui s'ouvre sur la pelouse du château et qui semble un arc de triomphe, comme le monument voisin, qui paraît une basilique et qui n'est qu'une curie. Il y a là quelque chose encore de la lutte des Condé contre la branche aînée des Bourbons. – C'est la chasse qui triomphe à défaut de la guerre, et où cette famille trouva encore une gloire après que Clio eut déchiré les pages de la jeunesse guerrière du grand Condé, comme l'exprime le mélancolique tableau qu'il a fait peindre lui-même.

A quoi bon maintenant revoir ce château démeublé qui n'a plus à lui que le cabinet satirique de Watteau et l'ombre tragique du cuisinier Vatel se perçant le cœur dans un fruitier ! J'ai mieux aimé entendre les regrets sincères de mon hôtesse touchant ce bon prince de Condé, qui est encore le sujet des conversations locales. Il y a dans ces sortes de villes quelque chose de pareil à ces cercles du purgatoire de Dante immobilisés dans un seul souvenir, et où se refont dans un centre plus étroit les actes de la vie passée.

– Et qu'est devenue votre fille, qui était si blonde et gaie ? lui ai-je dit ; elle s'est sans doute mariée ?

– Mon Dieu oui, et, depuis, elle est morte de la poitrine...

J'ose à peine dire que cela me frappa plus vivement que les souvenirs du prince de Condé. Je l'avais vue toute jeune, et certes je l'aurais aimée, si à cette époque je n'avais eu le cœur occupé d'une autre... Et maintenant voilà que je pense à la ballade allemande la Fille de l'hôtesse, et aux trois compagnons, dont l'un disait : « Oh ! si je l'avais connue, comme je l'aurais aimée ! » – et le second : « je t'ai connue, et je t'ai tendrement aimée ! » – et le troisième : « je ne t'ai pas connue... mais je t'aime et t'aimerai pendant l'éternité ! »

Encore une figure blonde qui pâlit, se détache et tombe glacée à l'horizon de ces bois baignés de vapeurs grises... J'ai pris la voiture de Senlis, qui suit le cours de la Nonette en passant par Saint-Firmin et par Courteil ; nous laissons à gauche Saint-Léonard et sa vieille chapelle, et nous apercevons déjà le haut clocher de la cathédrale. A gauche est le champ des Raines, où saint Rieul, interrompu par les grenouilles dans une de ses prédications, leur imposa silence, et, quand il eut fini, permit à une seule de se faire entendre à l'avenir. Il y a quelque chose d'oriental dans cette naïve légende et dans cette bonté du saint, qui permet du moins à une grenouille d'exprimer les plaintes des autres.

J'ai trouvé un bonheur indicible à parcourir les rues et les ruelles de la vieille cité romaine, si célèbre encore depuis par ses sièges et ses combats. « O pauvre ville ! que tu es enviée ! » disait Henri IV. – Aujourd'hui, personne n'y pense, et ses habitants paraissent peu se soucier du reste de l'univers. Ils vivent plus à part encore que ceux de Saint-Germain. Cette colline, aux antiques constructions domine fièrement son horizon de prés verts bordés de quatre forêts : Halatte, Apremont, Pontarmé, Ermenonville ; dessinent au loin leurs masses ombreuses où pointent çà et là les ruines des abbayes et des châteaux.

En passant devant la porte de Reims, j'ai rencontré une de ces énormes voitures de saltimbanques qui promènent de foire en foire toute une famille artistique, son matériel et son ménage. Il s'était mis à pleuvoir, et l'on m'offrit cordialement un abri. Le local était vaste, chauffé par un poêle, éclairé par huit fenêtres, et six personnes paraissaient y vivre assez commodément. Deux jolies filles s'occupaient de repriser leurs ajustements pailletés, une femme encore belle faisait la cuisine et le chef de la famille donnait des leçons de maintien à un jeune homme de bonne mine qu'il dressait à jouer les amoureux. C'est que ces gens ne se bornaient pas aux exercices d'agilité, et jouaient aussi la comédie. On les invitait souvent dans les châteaux de la province, et ils me montrèrent plusieurs attestations de leurs talents, signées de noms illustres. Une des jeunes filles se mit à déclamer des vers d'une vieille comédie du temps au moins de Montfleury, car le nouveau répertoire leur est défendu. Ils jouent aussi des pièces à l'impromptu sur des canevas à l'italienne, avec une grande facilité d'invention et de répliques. En regardant les deux jeunes filles, l'une vive et brune, l'autre blonde et rieuse, je me mis à penser à Mignon et Philine dans *Wilhelm Meister*, et voilà un rêve germanique qui me revient entre la perspective des bois et l'antique profil de Senlis. Pourquoi ne pas rester dans cette maison errante à défaut d'un domicile parisien ? Mais il n'est plus

temps d'obéir à ces fantaisies de la verte bohème ; et j'ai pris
congé de mes hôtes, car la pluie avait cessé.

À propos de cette édition électronique

Texte libre de droits.

Corrections, édition, conversion informatique et publication par le groupe :

Ebooks libres et gratuits

http://fr.groups.yahoo.com/group/ebooksgratuits

Adresse du site web du groupe :
http://www.coolmicro.org/livres.php

——

22 septembre 2003

——

- Sources illustrations :
> Musée des cartes postales anciennes Montmartre :
> http://gallica.bnf.fr/VoyagesEnFrance/
> BNF Gallica :
> http://www.tecnilog.com/cartes/cpa/montmartre/mont.htm

- Dispositions :
> Les livres que nous mettons à votre disposition, sont des textes libres de droits, que vous pouvez utiliser librement, à une fin non commerciale et non professionnelle. Si vous désirez les faire paraître sur votre site, ils ne doivent pas être altérés en aucune sorte. **Tout lien vers notre site est bienvenu...**

- Qualité :
> Les textes sont livrés tels quels sans garantie de leur intégrité parfaite par rapport à l'original. Nous rappelons que c'est un travail d'amateurs non rétribués et nous essayons de promouvoir la culture littéraire avec de maigres moyens.